Werner Milstein

Spurensuche

Auf den Wegen Jesu

Agentur des Rauhen Hauses Hamburg

Inhalt

Das „fünfte Evangelium"

Die Bibel sieht die Menschen stets unterwegs. Schon das Urdatum der Geschichte Israels beginnt mit einer Wanderung, dem Exodus, dem Auszug aus Ägypten. Nicht anders erging es den Erzvätern zuvor, die erste Mitteilung an Abraham war die, seine Heimat zu verlassen, um in ein Land zu gehen, das Gott ihm zeigen wollte.
Auch die Geschichte Jesu beginnt mit einer Reise. Das noch ungeborene Kind ist unterwegs von Nazareth nach Bethlehem; kaum auf der Welt, muss es mit den Eltern nach Ägypten fliehen. Später wird Jesus mit seinen Jüngern Galiläa durchwandern, um in Jerusalem sein Ende und seine Erfüllung zu finden. Aus den Jüngern werden Apostel, also Gesandte, und sie sind unterwegs, um den Menschen das Evangelium zu bringen.
Wer ihren Wegen nachgeht, trifft auch immer auf ihre Spuren. Die Reise gleicht in gewisser Weise einer Glaubensreise, wobei die Landschaft mit all ihren Stätten zu einem „fünften Evangelium" wird.
Dieses Buch ist die Einladung, sich auf den Weg zu einer Reise durch ein faszinierendes Land zu begeben.

Bethlehem

Am Heiligen Abend klingt von der Geburtskirche in Bethlehem der Schall der Glocken über das Land. Nach dem Zeugnis der Evangelisten Lukas und Matthäus kam an diesem Ort Jesus Christus zur Welt. Im Jahre 415 wurde der Überlieferung nach hier das Epiphaniasfest begangen. Nach einer Andacht auf den Feldern vor Bethlehem, wo die Engel den Hirten die Geburt des Heilands verkündeten, zogen die Christen in einer Prozession zur Geburtskirche, um dort in der Grotte die Ankunft Christi zu feiern. In Rom wurde dieser Brauch übernommen, die Epiphaniasfeier wurde zum Weihnachtsfest, das am 25. Dezember begangen wird.

Bethlehem/Beit Laham, zehn Kilometer südlich von Jerusalem gelegen, gehörte zum Stamm Juda, ca. 30 000 Einwohner. Der Ort ist nach einer kanaanäischen Göttin benannt und bedeutet „Haus der Lachawma", allerdings wurde die Ortsbezeichnung schon früh in „Haus des Brotes" umgedeutet. Der alte Name ist aber wohl Efrata, nach einer Sippe, die dort ansässig war. In den ägyptischen Armanabriefen wird Bethlehem 1400 v. Chr. erwähnt. Rahel, die Frau Jakobs, wurde hier beigesetzt, und Boas, der Ruth heiratete, lebte hier. David, Sohn eines Efratiters, wurde hier geboren, deshalb trägt der Ort auch die Bezeichnung „Stadt Davids" (Lukas 2,4). Der Prophet Samuel salbte hier David zum König. Für die Christen ist Bethlehem der Geburtsort Jesu. Bereits Anfang des 2. Jahrhunderts wurde die Grotte dort als die Stätte seiner Geburt angesehen. Kaiser Hadrian verwandelte sie in einen Hain für Adonis. Kaiser Konstantin errichtete an dieser Stelle 339 eine Basilika, die während des Samaritaneraufstandes Anfang des 6. Jahrhunderts zerstört wurde. Der oströmische Kaiser Justinian erneuerte sie um 540. Die fünfschiffige Basilika ist fast unversehrt erhalten geblieben und zählt somit zu den ältesten Kirchen der Christenheit. In der Grotte des heiligen Hieronymus (347–419/20) hat der Kirchenvater seine lateinische Bibelübersetzung (Vulgata) abgeschlossen.

Und du,
Bethlehem Efrata,
die du klein bist unter
den Städten in Juda,
aus dir soll mir
der kommen,
der in Israel Herr sei,
dessen Ausgang
von Anfang
und von Ewigkeit
her gewesen ist.

Micha 5,1

Vielleicht ist es ja nur eine Legende, aber wenn es eine ist, dann zählt sie zu den schönsten der Christenheit. 614 fielen die Perser in Israel ein und zerstörten die Kirchen. Sie kamen auch nach Bethlehem, aber noch bevor sie in die Basilika einbrachen, blieben sie verwundert stehen. Über der Eingangstür war ein Mosaik angebracht, das zeigte die Weisen aus dem Morgenland, wie sie dem neugeborenen Kind huldigen. Und wie es der Zufall wollte, trugen diese Fremden persische Kleidung. Auf der Synode in Jerusalem im 9. Jahrhundert wurde über diesen Vorfall gesagt: „Als die Perser das Mosaik entdeckten, waren sie erstaunt, an einem solchen Ort die Darstellung der persischen Weisen, der drei Astrologen, ihrer Landsleute, vorzufinden. Aus Achtung und Zuneigung gegenüber ihren Vorfahren, die sie verehrten, als ob sie lebendig seien, verschonten sie die Kirche.“ Zur Araberzeit verbot Kalif Omar ausdrücklich die Zerstörung der Basilika. Der Islam verehrt Jesus als Propheten, und da die Südapsis nach Mekka ausgerichtet ist, wurde sie zur Gebetsstätte der Moslems. Selbst 1099, als alle christlichen Stätten verwüstet werden sollten, blieb diese Kirche unversehrt.

Eine Treppe führt in der Geburtskirche zur Grotte hinab. Ein Stern kennzeichnet seit 1717 den Ort, an dem das Kind in der Krippe gelegen haben soll. 1847 wurde er geraubt und sechs Jahre später durch eine Kopie ersetzt. Eine Inschrift in Latein erklärt: „Hic de virgine Maria Jesus Christus natus est.“ – „Hier ist Jesus Christus von der Jungfrau Maria geboren worden.“ 1873 wurden die Wände der Grotte mit Marmor ausgekleidet. 32 silberne Lampen symbolisieren die verschiedenen christlichen Kirchen.

Die Stadt Davids war Bethlehem,
der Ort, an dem er geboren
und zum König gesalbt wurde.
Wechselhaft war indes
die Geschichte dieses Ortes
vor den Toren Jerusalems.
Ein kleines Dorf war es zuletzt,
es gab ein paar Handwerker, Kaufleute
und Hirten, die mit ihren Herden
über das Land zogen.
Und doch blieb die Erinnerung,
dass aus diesem Dorf
der Messias kommen sollte.
Weise haben sich verneigt vor
dem Kind, sie kamen in diese
unscheinbare Grotte und legten
vor ihm ihre Geschenke ab.
Dort unten hat Gott mit uns
neu angefangen, und wer an diesen
Ort kommen will, der muss sich
auch heute noch tief beugen.
Um Plünderungen zu erschweren,
wurde der Eingang verkleinert.
Mächtige kamen hierhin,
Könige und Präsidenten,
sie alle mussten das Haupt senken.
Dieser Ort hat sie Demut gelehrt,
denn wer zu diesem Gott will,
der muss zunächst hinabsteigen;
dort in der Tiefe wird er ihn finden.

Nazareth

Ist dieser nicht des Zimmermanns Sohn? So schlug es ihm entgegen in seinem Heimatort, nein, ein Prophet zählt nichts in seinem eigenen Dorf, er hat es schon zu Beginn seines Wirkens erfahren. Und überhaupt, was ist schon Nazareth? Kann aus Nazareth etwas Gutes kommen, fragte Nathanael Philippus. Dennoch, beide sind seine Jünger geworden. Jesus aus Nazareth, so wurde er genannt, so stand es am Ende am Kreuz. An diesem Ort übermittelte ein Engel Maria die Botschaft seiner Geburt, hier ist er aufgewachsen, hat sein Vater gearbeitet, hat er den Handwerkern zugeschaut und den Händlern gelauscht, hat er den Sämann übers Land gehen sehen, hat er die Frauen sich mühen und lachen gehört, hat er das Leben seiner Umwelt in sich aufgenommen. Nazareth war ein unbedeutender Ort, ein Dorf wie viele andere auch. In der Nähe lag die Straße, die von Damaskus nach Ägypten führte. Da war etwas von der großen Welt zu spüren, da wurden Waren und Botschaften bewegt, da ahnte noch niemand, dass ausgerechnet von diesem Ort die Botschaft ausgehen sollte, die die Welt bis in alle Zeit bewegen wird. Die ersten Christen nannten sich Nazarener,das hebräische Wort „nezer“ für Zweig klingt an. Als nach der babylonischen Zeit der Ort wieder besiedelt wurde, nannten die Zuwanderer ihn „Sprossdorf“ – aus dieser Wurzel wuchs Israel und der ganzen Welt ein neuer Spross hervor.

Die Stadt besteht zum einen aus dem historischen Nazareth, welches heute vor allem von Muslimen und Christen besiedelt wird und die größte muslimische Stadt des Landes ist, und der nebengelegenen, 1957 gegründeten Schwesterstadt Nazerat Illit (Odr-Nazareth), in der vor allem Juden wohnen. Zusammen zählen die Städte 120 000 Einwohner, womit sich ihr heutiges Bild fundamental von der losen Siedlung einiger dutzend Familien zur Zeit Jesu unterscheidet, deren Existenz sogar lange angezweifelt wurde. Die Funde von Siedlungsüberresten aus der Bronzezeit und jüdischen Gräbern römischer Zeit konnten diese Zweifel jedoch auslöschen. Obwohl die Stadt jährlich von hunderttausenden Touristen besucht wird, bleibt der wirtschaftliche Aufschwung aus, denn Nazareth ist lediglich eine Station auf der Durchreise. Schon in der Antike musste sie immer hinter der günstiger gelegenen, nur 5 km entfernten Provinzhauptstadt Sepphoris zurückstehen. Die immer wieder aufschwelenden Konflikte der eigentlich friedlich zusammenlebenden Weltreligionen begünstigen seine heutige Position nicht. Aber wer es sich leisten kann, zieht ohnehin auf die umliegenden Hügel.

Jordan

Der Jordan ist die Lebensader des Landes. Auf dem Weg aus dem Hermongebirge zu seinem Ziel, dem Toten Meer, werden ihm 90 % seines Wasservolumens von den umliegenden Staaten zur Wasserversorgung entzogen, so dass er sich allmählich von einem malerischen Fluss in ein kümmerliches, dreckiges Rinnsal verwandelt.

Mit 330 km Länge grenzt der längste Fluss Palästinas an fast alle Nachbarländer Israels. Durch seine Grenzlage ist es nicht verwunderlich, dass er immer wieder zum Stein des Anstoßes im Konflikt zwischen Syrien, Israel, Jordanien und dem Libanon wird. Hinzu kommt, dass die Allenby-Brücke, 12 km nördlich der Einmündung des Jordans ins Tote Meer, den wichtigsten Grenzübergang zwischen Israel und Jordanien markiert.

Zu der Zeit kam Jesus
aus Galiläa an den
Jordan zu Johannes,
dass er sich von ihm
taufen ließe.

Matthäus 3,13

See Genezareth

Das war seine kleine Welt, ein See, den sie das Meer nannten. Von einem Ufer konnte man zum anderen sehen, sah auf die Fischer, die zum Fang hinausfuhren, sah sie die Netze auswerfen und einholen. Hier fand er die ersten Jünger, sie folgten ihm durch das Land, hörten ihn von der Liebe Gottes reden und sahen ihn Menschen heilen. Den Blinden öffnete er die Augen, den Stummen löste er die Zunge, die Lahmen konnten wieder gehen, die Aussätzigen wurden gesund und kehrten in die Gemeinschaft zurück; Verzweifelte schöpften Hoffnung und Traurige konnten wieder lachen, selbst Tote lebten wieder auf. Ob die Männer vom See Genezareth alles verstanden haben, was sie sahen und erlebten? Eines aber war ihnen zur Gewissheit geworden: Das Reich Gottes war angebrochen, und sie waren dabei. Der Himmel neigte sich zu ihnen und berührte die Erde. Inmitten der Zeit erlebten sie die Ewigkeit. Gottes herrliche Zukunft hatte begonnen. Und doch war ihr Glaube bisweilen schwach. Als ein Sturm ihr Boot auf dem See Genezareth erfasste, da hatten sie Angst. Der Boden unter ihnen bebte und das Schiff drohte zu kentern. Und doch, Jesus war bei ihnen, er würde es bleiben, auch in Zukunft und auch mit dem Schiff der Kirche.

Der See Genezareth, auch See Gennesaret oder Yam Kinneret genannt, spielt von jeher eine bedeutende Rolle. Er gilt als sehr fischreich, und seine Ufer sind durch das feuchtwarme Klima der Region ebenso fruchtbar. Daher wird sein Name auch als „Fürstengarten" gedeutet. Nicht zu vergessen die Wasserversorgung, eines der zentralen Probleme des Staates. Seit 1964 besitzt der See eines der größten Wasserverteilersysteme der Welt, den „National Water Carrier". Zu diesen ökonomisch wichtigen Aspekten gesellt sich der Tourismus-Faktor: Mit etwa einer Million einheimischer wie ausländischer Touristen stellt der See eine wichtige Einnahmequelle dar.

Es begab sich aber, als sich die Menge zu ihm drängte, um das Wort Gottes zu hören, da stand er am See Genezareth.

Lukas 5,1

Kapernaum oder Kafarnaum, also „Haus des Nahum", war zur Zeit Jesu ein klassisches Fischerdorf und liegt nördlich des Sees Genezareth. Im Gegensatz zu manch anderen biblischen Orten ist diese Stadt archäologisch recht gut beschrieben. Wahrscheinlich seit dem 2. Jahrhundert vor Christus besiedelt, ließ sich Flavius Josephus hier nach einer Schlacht behandeln. Der Pilgerbetrieb setzte allerdings erst nach den ersten Pilgerströmen in der zweiten Hälfte des 4. Jahrhunderts ein. Zwar wurde das Dorf 743 bei einem Erdbeben zerstört und im 11. Jahrhundert der Verwahrlosung preisgegeben, ist aber seit dem Kauf durch die Franziskaner 1894 nach und nach durch Ausgrabungen erschlossen worden. Ein Wohnhaus wird als „Haus des Simon Petrus" anerkannt. Markant ist auch die Synagoge, die in der aktuellen Gestalt 1926 errichtet wurde. Das darunter gelegene Pflaster stammt wahrscheinlich noch aus dem 1. Jahrhundert, also Jesu Wirkenszeit.

Wenn Steine erzählen könnten, sie sprächen davon, wie Jesus hier den Besessenen geheilt hat und wie er mit den Leuten über den Tempelgroschen diskutierte. Von Nazareth kam er nach Kapernaum, und es wurde zu seiner Stadt. Hierher kehrte er immer wieder zurück. Nirgendwo vollbrachte er so viele Wunder, und es sprach sich schnell herum. Da war dieser Mann, der lag auf einer Trage, seine Freunde brachten den Gelähmten zu Jesus. Sie wollten es, aber es war kein Hineinkommen, bis nach draußen standen die Leute. So kamen sie nicht weiter. Aber was sollten sie tun? Not macht erfinderisch. Und wenn die ganze Hoffnung an dieser einen Begegnung hängt, dann muss man auch erfinderisch sein, originell und mutig. Und sie waren es. Vom Dach ließen sie den Freund hinunter, die Menschen staunten nicht schlecht und Jesus nicht weniger. Wie groß muss ihr Glaube gewesen sein, dass sie das wagten. Wie groß war ihre Hoffnung, dass sie nichts unversucht ließen. Dieser Glaube hat den Mann getragen, es gibt diesen Glauben, der uns und andere trägt, der uns zu Gott bringt und ins Leben zurückkehren lässt. Sprich nur ein Wort, bat der Hauptmann von Kapernaum. So groß war sein Glaube, dass er sich vor Jesus beugte, damit sein Diener wieder gesund wird. Ein Ungläubiger, so sagten die anderen, aber einen solchen Glauben hat Jesus in ganz Israel nicht gesehen. Und der Diener wurde gesund. Auch diese Stadt wird vergehen, selbst wenn sie die Stadt Jesu ist. Kapernaum hat kein Recht, sich über andere Orte zu erheben. Das Gericht wird zuletzt sein Urteil auch über diese Stadt fällen.

Betsaida

Hier lebten Petrus und Andreas, Jakobus und Johannes wie auch Philippus. Hier stand Jesus am Ufer und schickte die Fischer noch einmal auf das Meer zurück. Und wider alle Erfahrung waren die Netze so voll, dass sie zu reißen drohten. „Menschenfischer" sollten sie von nun an sein, und sie folgten ihm. Einem Blinden hat Jesus an diesem Ort das Augenlicht zurückgegeben, allerdings erst beim zweiten Versuch. So schwierig war diese Heilung und so großartig das Wunder. Mag sein, dass sich darin auch ein Hinweis auf das Wachsen unseres Glaubens verbirgt. Davon waren auch die Jünger nicht ausgenommen. Petrus drohte im Wasser zu versinken, es fehlte ihm der Mut, über das Wasser zu gehen. Manchmal müssen wir unseren Fuß auf das Wasser setzen in der Hoffnung, dass es trägt, dass es wider alle Erfahrung und auch entgegen aller Wahrscheinlichkeit hält. Der Glaube ist dieses Risiko, er wagt die Zukunft auf eine einfache Zusage hin. Am Ufer unseres Lebens steht Jesus und sagt: „Glaube und folge mir. Ich halte und trage dich."

Betsaida liegt nördlich des Sees Genezareth, 1500 m vom Ufer entfernt. Die bei archäologischen Ausgrabungen entdeckten Überreste von Fischereiwerkzeugen, z. B. Senkbleie, Fischernetze und Angelhaken, weisen auf die Bedeutung Betsaidas als Fischerort hin. Heute findet man die antiken Überreste auf dem Hügel Et-Tel, 30 m über einem Tal. Zur Zeit Jesu jedoch lag Betsaida direkt am Rand einer sumpfigen Ebene, die wahrscheinlich mit Booten befahrbar war, und das Tal war Teil des Sees Genezareth. Erdbeben führten zur Schlammanhäufung an dieser Stelle, wodurch sich das Tal herausbildete und das Ufer zurücktrat. Über die Bedeutung der Stadt erfahren wir durch Flavius Josephus, demzufolge König Herodes Philippus dem Ort die Stadtrechte verlieh und ihn in Julia-Livia umbenannte, zu Ehren der Gattin Julia-Livia des Kaisers Augustus. Unter ihm gelangte der Ort auch zu seiner Blüte.

Seligpreisungen

Der Mann aus Nazareth
erschien Matthäus
wie ein zweiter Mose.
Was Israel in den Zehn
Geboten gesagt worden war,
das führte er wieder
auf seinen Ursprung zurück;
wie der Glaube eine Sache
des Herzens ist, so sollte es
auch das Handeln sein.

Am Berg Sinai erhielt Mose
von Gott die Zehn Gebote,
die Weisungen für das Leben.
An einem Berg am See Genezareth
sammelte Jesus die Menschen,
um zu ihnen von dem zu sprechen,
was Gott von ihnen erwartete,
und er sprach davon mit dem Ernst
der letzten Zeit, die kein Zögern
und keine Halbherzigkeit kennt.

Am Beginn aber stehen
die Worte der Seligpreisungen.
So macht Gott den Anfang mit uns.
Seine Liebe gilt uns uneingeschränkt,
seine Barmherzigkeit kennt kein Ende.
Selig sind die Suchenden, die Hoffenden, die Friedfertigen und Verfolgten,
die Barmherzigen und Sanftmütigen,
ihnen soll die Zukunft gehören.

Wo genau am Westufer des Sees Genezareth die Bergpredigt gehalten wurde, ist nicht feststellbar. Der Standort der Kirche, die dort 1937 vom Italiener Antonio Barluzzi errichtet wurde, ist willkürlich gewählt. Die acht Ecken der Grundfläche sowie die Kuppel symbolisieren die Seligpreisungen, die den Anfang der Bergpredigt bilden. Von der Kirche hat man einen wunderschönen Blick auf den See. Am Fuß des Berges liegen die „Eremoshöhle", die zuvor als Ort der Bergpredigt deklariert wurde, sowie die Ruinen eines Klosters. Von dieser Kirche ist es nicht weit zur Kirche der Brotvermehrung in Tabgha, die für ihren antiken Mosaikfußboden berühmt ist. Leider wurde die Kirche im 7. Jahrhundert zerstört. Seit den 1980er Jahren befindet sich hier ein Neubau, der die antiken Mosaike integriert.

Selig sind,
die reinen Herzens sind;
denn sie werden Gott
schauen.

Matthäus 5,8

Kana

Wie kann das Fest enden noch vor der Zeit? Wie kann bei einer Hochzeit der Wein ausgehen? In Kana, so erzählt der Evangelist Johannes, soll genau das geschehen sein. Peinliche Verlegenheit macht sich breit. Jesus ist auch auf dem Fest. Kann denn, wo er ist, die Feier so zu Ende gehen? Die Mutter spricht ihn an, er aber reagiert schroff. Jesus bestimmt selbst den richtigen Zeitpunkt, seine Stunde ist die der Erhöhung, der Vollendung. In Kana indes beginnt es, das erste Zeichen geschieht, Wasser wird zu Wein im überreichen Maße, in der allerbesten Qualität. Da staunt der Küchenchef, da wundern sich alle. Für Johannes war dies das erste Zeichen, für ihn begann hier der Weg zum Kreuz, zur Vollendung. Überreich soll in der Endzeit der Wein fließen, er ist das Symbol eines nie versiegenden Reichtums. Die Verwandlung von Wasser zu Wein wird zum Zeichen für die zukünftige Herrlichkeit. Durch den Tod Jesu gewinnen die Seinen Anteil am ewigen Leben.

Wo genau die Stadt Kana lag, lässt sich heute nicht mehr eindeutig sagen. Der heilige Hieronymus vermutete den Ort in einer Region 14 km nördlich von Nazareth an der alten Römerstraße von Sepphoris zum See Genezareth. Schon die Kreuzfahrer pilgerten zu dieser Stätte, damals noch das Dorf Chirbet Kana, von dem heute nur noch Überreste geblieben sind. Allerdings kommt auch das Dorf Kana im Südlibanon in Frage und wird immer wieder in diesem Zusammenhang genannt. Zwar ist diese These eher unpopulär, wird aber gerne von den Libanesen akzeptiert. Eine dritte Möglichkeit für den Ort des ersten Wunders Jesu stellt das Dorf Kafr Kenna dar, nur 6 km nordöstlich von Nazareth auf dem Weg nach Tiberias gelegen. Die katholische Enzyklopädie identifiziert diesen Ort als historisches Kana und beruft sich dabei auf Quellen aus dem 8. Jahrhundert.

Der Glaube überwindet Grenzen, und er tut dies bisweilen auch in einer ganz überraschenden Weise. Da war diese Frau, eine Nichtjüdin, deren Tochter wurde von einem bösen Geist geplagt. Sie wird von Jesus gehört haben, der Kranke zu heilen vermochte, warum dann nicht auch ihr Kind? Und als er nach Tyrus kam, was lag da näher, als ihn zu bitten, um alles in der Welt ihn anzuflehen.
Aber sie erhielt nur eine grobe Abfuhr. Zu Israel sei er gesandt und es sei nicht richtig, dass man seinem Volk etwas vorenthalte: Man wirft das Brot, das für die Kinder bestimmt ist, nicht den Hunden vor. Das war die Grenze, die Grenze zwischen Israel und den Völkern, die Grenze zwischen ihr und Jesus. Die Frau nimmt den Vergleich an, so stark ist ihre Liebe, sie bleibt im Bild und nimmt Jesus beim Wort: Wenn wir schon Hunde sind, dann stehen uns doch auch die Brosamen zu. Ist es nicht so?
So groß ist ihr Glaube, dass er die Grenze zwischen Israel und den anderen Völkern überwunden hat. An der Grenze ist das geschehen, und so oft wird dieser Glaube noch Grenzen überwinden.

Wer nach Tyrus bzw. Sour reisen will, muss die Grenze zum Libanon überqueren. Natürlich ist diese keine 20 km von der israelischen Grenze entfernte Stadt immer wieder ein Stein des Anstoßes im israelisch-libanesischen Konflikt und wurde 2006 heftig von der israelischen Luftwaffe bombardiert. Die Hauptattraktion der Stadt bilden die vielen antiken Überreste, für die sie seit 1984 auf der Liste des UNESCO-Weltkulturerbes steht. In der Antike galt sie als besonders schöne Stadt, sie wurde von den Phöniziern durch den Seevölkersturm im 12. Jahrhundert v. Chr. eingenommen und zur Blüte gebracht. Ursprünglich handelte es sich bei Tyrus um eine Insel, weshalb sie als besonders sicher galt. Allerdings wurde sie nach einer spektakulären Eroberung durch Alexander den Großen über einen Wall mit dem Festland verbunden. Auch zur Zeit Jesu nahm sie als bedeutende Handelsstadt Einfluss bis nach Galiläa. Mit gut 117 000 Einwohnern ist sie heute weiterhin eine wichtige Stadt des Landes.

Das war es nicht allein, dass er Menschen heilte, das vollbrachten auch andere. So gesehen war er ein Wanderprediger wie viele andere auch, die kamen und gingen, zu denen Menschen strömten und die schon bald wieder vergessen wurden. Eines aber war anders, und das spürten die Menschen: In Jesus war Gott ihnen nahe. In ihm war die Brücke zwischen Himmel und Erde geschlagen, vor ihren Augen war das Reich Gottes Wirklichkeit geworden. Der tiefe Riss, der durch die Welt und auch durch ihr Leben ging, war geschlossen. „Schalom“ meint dieses Heilwerden der Schöpfung. Schalom ist der Frieden, der das ganze Leben umfasst. Vergebung nennt das die Bibel, es öffnet uns das Tor zu einer neuen Zukunft. Er zog durch das Land, sprach zu ihnen und heilte die, die zu ihm kamen. Er zog weiter, das Tor aber blieb geöffnet.

Etwas weiter nördlich von Tyrus liegt Sidon, ebenfalls eine der wichtigsten phönizischen Städte. Ihr Name bedeutet „Fischerstadt“, was ihrer historischen Bedeutung als Handelsstadt relativ nahe kommt. Trotz der Eroberung durch Alexander den Großen und die Römer konnte sich die Stadt eine gewisse Unabhängigkeit bewahren und prägte beispielsweise eigene Silbermünzen. Leider litt sie massiv unter einem Erdbeben, das 551 n. Chr. die gesamte Region erschütterte. Abgesehen von einer kurzen Blütezeit im 17. Jahrhundert konnte die Stadt nicht mehr an ihre frühere Bedeutung anknüpfen. Heute führt sie die Tradition fort und ist gegenwärtig das Finanz- und Handelszentrum des Südlibanons. Mit dem drittgrößten Hafen und etwa 200 000 Einwohnern zählt sie zu den größten Städten des Landes.

Jesus entwich mit seinen Jüngern an den See, und eine große Menge aus Galiläa folgte ihm; auch aus Judäa und Jerusalem, aus Idumäa und von jenseits des Jordans und aus der Umgebung von Tyrus und Sidon kam eine große Menge zu ihm, die von seinen Taten gehört hatte.

Markus 3, 7-8

Caesarea

Quellen gelten von alters her als besondere Orte; aus der Tiefe der Erde sprudelt Wasser hervor, aus dem Felsen rinnt es und ergießt sich über das Land. Geheimnisvoll muss den Menschen die Herkunft des Wassers erschienen sein, es mussten Orte des Göttlichen sein.
Im hohen Norden Israels entspringt der Banyas, sein Wasser speist den Jordan. Bereits in kanaanäischer Zeit war dieser Ort eine Kultstätte, im Hellenismus wurde diese Stätte dann dem griechischen Gott Pan geweiht.
An diesem Ort fragte Jesus seine Jünger: „Für wen halten die Leute den Menschensohn?“ Und sie sagten ihm, welche Antworten in der Bevölkerung kursierten. Da gab es einige, die in ihm Johannes den Täufer sahen, andere wiederum erkannten in ihm Elia, Jeremia oder irgendeinen anderen Propheten. Was aber dachten seine eigenen Jünger über ihn? Petrus, der oft die Sprecherrolle für den Jüngerkreis übernahm, bekannte: „Du bist der Christus.“
Dieses Bekenntnis ist zur Grundlage der Kirche geworden. „Du bist Petrus“, antwortete Christus ihm, „und auf diesen Felsen will ich meine Gemeinde bauen.“ Es war ein Wortspiel, denn das griechische Wort „petros“ bedeutet „Stein“ oder auch „Fels“. Einen anderen Grund kann niemand legen als den, der gelegt ist, Jesus Christus, wird Paulus später schreiben. Unser Reden und Handeln hat in diesem Bekenntnis seinen Grund. Eine Kirche, die sich nicht mehr ihrer Herkunft bewusst ist, wird zwangsläufig ihren Halt verlieren und ins Wanken geraten. Ein festes Fundament, das hält und durch die Zeit trägt, ist allein in Christus zu finden.

Caesarea Philippi stand zur Zeit Jesu immer hinter dem am Meer gelegenen, prächtigen Caesarea Maritima zurück. Caesarea Philippi war aber über Handelswege immerhin mit Tyrus und Damaskus verbunden und war zu Ehren von Augustus, der wie alle späteren Kaiser den Zusatz Caesar trug, in Caesarea umbenannt worden. Später, unter der Herrschaft Neros, hieß diese Stadt auch kurz Neronias. Heute heißt sie Banyas, was zurück geht auf ihren Ursprung als „Paneas“ zu griechischer Zeit; dies hing mit dem Heiligtum des Pan zusammen, das sich einst hier befand.

Immer wieder war ihr Leben zerbrochen. Mit wie viel Hoffnung und Zuversicht hatte sie stets begonnen! Diesmal würde es der Richtige sein, diesmal würde alles gut werden. Und da spürte sie wieder die kleinen Sticheleien am Anfang, die Reibereien, die immer stärker wurden, die Verletzungen auf beiden Seiten. Es wiederholte sich alles, die Verliebtheit, die Heirat, das gegenseitige Versprechen, das Glück des Augenblicks. Es zerbrach – und zurück blieb eine unstillbare Sehnsucht nach einem Leben, das gelingt, nach einem Glück, das bleibt. Es war die Mittagszeit, die heißeste Zeit des Tages, sie würde jetzt allein sein am Brunnen, denn wer käme schon bei dieser Hitze hierher? Sie täuschte sich. Ein Mann, ein Jude, saß da am Brunnen und sprach sie an. Kein fremder Mann spricht eine Frau an, und erst recht kein Jude eine Samaritanerin. Lebendiges Wasser sollte sie für ihn schöpfen, aber womit? Tief ist dieser Brunnen, 32 Meter geht es hinunter bis zur Wasserader. Durch wie viele Schichten muss unser Leben gehen, bis es seinen Grund erreicht, bis wir endlich am Ziel sind? Das Gespräch zwischen Jesus und der Samaritanerin war von Missverständnissen geprägt, an deren Ende es jedoch mehr als nur ein Verstehen gab; am Ende stand der feste Glaube, dass sie dem Messias begegnet war, dass sie vom lebendigen Wasser getrunken hatte, das allen Durst stillt und unser Leben gelingen lässt. Am Horizont geht der Blick zum Garizim, den Samaritanern ist er noch heute ein heiliger Berg. Die Frau am Brunnen hat indes erfahren, dass in Jesus Christus die Erlösung der Menschen gegenwärtig ist. Am Ende blieb der Krug am Brunnen stehen, denn wer von diesem Wasser getrunken hat, ist selbst zur Quelle für andere geworden.

Zunächst war Samaria, das im Westjordanland liegt und 876 v. Chr. gegründet wurde, die Hauptstadt des Königreichs Israel, dann ein Zentrum des Baalskultes und anschließend das Zentrum der Samaritaner. Als ihnen die Beteiligung am Tempelbau verwehrt wurde, sonderten sie sich ab und nutzten den in der Region gelegenen Berg Garizim als „Ersatz“ für den heiligen Berg Zion. Natürlich war die zur Zeit Jesu blühende Stadt immer wieder ein Ort der Auseinandersetzungen. Obwohl der Ort den direkten Weg von Galiläa nach Jerusalem markierte, hat man ihn in der Regel gemieden. An der Konfliktlage hat sich bis heute grundsätzlich nichts geändert. Im Sechs-Tage-Krieg durch Israel erobert, ist der Besitzstand unklar.

Gott ist Geist,
und die ihn anbeten,
die müssen ihn im Geist
und in der Wahrheit
anbeten.

Johannes 4,24

Jericho

Wie hat er sich nur lächerlich gemacht! Auf einen Maulbeerbaum ist Zachäus gestiegen, damit auch er Jesus zu sehen bekommt, von dem er schon so viel gehört hat. Lächerlich muss es ausgesehen haben, wie dieser Mann da im Baum hing in seinen kostbaren Kleidern. Gut, er war pfiffig, er verstand es, aus seiner Zollstelle Geld zu machen. Dadurch wurde er nicht beliebt, aber wer mit Nichtisraeliten zu tun hatte, der war das ohnehin nicht. Aber sollte er von allem ausgeschlossen sein? Wenn Jesus nach Jericho kommt, dann will er doch wenigstens einen Blick erhaschen. Und nun kommt Jesus und kommt ganz anders. Jesus sieht ihn und spricht ihn an, ihn und seine Familie will er besuchen! Zachäus kann es nicht fassen und die anderen erst recht nicht. Unwirsch werden sie und meutern. Aber haben sie Jesus verstanden? Wissen sie nicht, dass er zu den Kranken, Armen und Sündern gesandt ist? Zachäus heißt vielleicht „der Gerechte", aber zu einem Gerechten hat er erst werden können, nachdem ihm Gerechtigkeit widerfahren ist, nachdem ihm der Weg zu einem neuen Leben gebahnt worden ist. Zachäus zahlt zurück, nicht einfach, sondern vierfach. Gerechtigkeit zahlt sich aus, auch für andere, und die Hälfte des Besitzes soll den Armen gehören, auch das kann man Heil nennen.

Jericho, nördlich des Toten Meeres gelegen, ist sowohl die tiefste Stadt der Welt als auch eine der ältesten dauerhaft bewohnten Städte mit einer über 11 000 Jahre alten Geschichte. Die Ortsgründung an dieser Stelle hängt wahrscheinlich mit der hier gelegenen wasserreichen Quelle zusammen, die aus Jericho eine Oase macht. Daher stammt auch ihr Synonym „Palmenstadt". Seit dem Sechs-Tage-Krieg gehörte Jericho zu Israel und ist mittlerweile eigentlich wieder palästinensisches Gebiet. Als erste Stadt wurde Jericho mit den Osloer Verträgen 1994 der palästinensischen Kontrolle übergeben und nach der zweiten Intifada erneut durch das Abkommen von Scharm El-Scheich 2005. Trotzdem bleibt die israelische Armee dort präsent.

Tabor

Es war der Glanz der zukünftigen Herrlichkeit, der Jesus umgab, aber nur seinen engsten Vertrauten war dies offenbart worden. Petrus war dabei und Jakobus wie Johannes, sie wählte er aus, und sie folgten ihm auf den Berg hinauf.

Elia erschien, der als der Vorbote der letzten Zeit gilt, und Mose, der einst im Glanz der Herrlichkeit Gottes stand. Es war nur für einen kurzen Moment, in dem der Vorhang aufging und Gott die Seinen einen Blick in die Zukunft, die sie erwartete, werfen ließ. Und so schön erschien ihnen dieser Augenblick, dass er nicht enden sollte.

Aber noch waren sie auf dem Weg, noch waren sie lange nicht am Ziel. Und uns bleibt der Hinweis auf die Stimme, die aus der Wolke über Jesus sagte: „Dies ist mein geliebter Sohn, hört auf ihn." Das galt den Vertrauten, das gilt erst recht uns.

Der Berg Tabor ragt mit 588 m Höhe aus der Jesreel-Ebene heraus und ist dadurch sehr markant. Im 2. Jahrtausend vor Christus wurde an dieser Stelle der Gott Baal verehrt. In den Evangelien findet sich keine genaue Ortsangabe. Doch immerhin wurde Tabor schon von Origenes als Ort der Verklärung definiert. Die Kreuzfahrer trieben den Ausbau des Berges voran und errichteten eine heute noch sichtbare Ringmauer. Gegen die Invasion des Sultans Baibars konnten sie sich dennoch nicht behaupten. 1867 begannen griechisch-orthodoxe Mönche, sich am Berg anzusiedeln. Allerdings stießen 1873 die Franziskaner hinzu. Als Lösung teilte man den Berg einfach mit einer Mauer in zwei Teile. Neben den noch sichtbaren antiken und mittelalterlichen Resten fällt die von Barluzzi für die Franziskaner erbaute Kirche ins Auge.

Rabbi, hier ist für uns gut sein. Wir wollen drei Hütten bauen, dir eine, Mose eine und Elia eine.

Markus 9,5

Betanien

Thomas, der Jünger, ahnte es, dies würde ihr letzter Weg sein, und am Ende würden sie sterben. Da schien es beinahe schon ein Zeichen zu sein, dass sie zu einem Toten wollten. Lazarus, der Freund Jesu, war schon vor vier Tagen verstorben, und die Trauer war groß. Auf dem Weg zum Grab kam es zur Begegnung mit Marta, der Schwester des Lazarus. Ihr Vertrauen zu Jesus war so groß, dass sie sich sicher war, er wäre nicht gestorben, wenn Jesus bei ihnen gewesen wäre. Ja, er wird auferstehen, das wusste sie, am Ende der Zeit würden sich alle Gräber auftun, auch dieses, und sie würden sich wiedersehen. Trotz ihres großen Vertrauens erkannte Marta in Jesus dennoch nicht den, der das Leben und die Auferstehung ist. Aus ihrem Glauben an die Verheißung der Auferstehung ist der Glaube an den geworden, der selbst die Auferstehung für alle ist. Wer durch den Glauben mit Christus verbunden ist, dessen Leben wird auch der Tod nicht zerstören können. Dem Wort folgte die Tat, das Wort bewirkte die Tat. Jesus rief Lazarus aus dem Grab heraus, und er kam, er war wieder unter den Lebenden. Und doch wird auch er sterben müssen, aber wer an den glaubt, der das Leben ist, der wird leben, selbst wenn er stirbt.

Betanien liegt nur 3 km von Jerusalem entfernt östlich des Ölberges. Früher kam man auf dem Weg von Jericho nach Jerusalem unweigerlich daran vorbei, denn die „Römerstraße“ existierte noch nicht. Somit bot sich der Ort als Handelsmarkt für Opfertiere und als Unterkunft für Pilger an, wodurch die Bewohner ein wenig an der Einkommensquelle Jerusalem teilhaben konnten. Dies war für sie angesichts der Trockenheit und der kümmerlichen Vegetation bitter nötig. Nach langer Zeit geringer Besiedlung zählt der Ort heute wieder gut 2000 Einwohner. Der arabische Name El-Azariye aus byzantinischer Zeit hält an dem Namen Lazarus fest. Der hebräische Name Bet-Ani bedeutet „Haus der Armen“.

قبر العزار
ST. LAZARUS TOMB
נא לשמור על קדושת המקום
يرجى المحافظة على قدسية المكان
KINDLY SHOW RESPECT FOR
THE SANCTITY OF THIS SITE

Jerusalem

Jerusalem! Hier schlägt das Herz Israels. Mit etwa 730 000 Einwohnern ist dies die größte Stadt des Landes und auch eine der ältesten der Welt. Erste Funde stammen bereits aus dem 19. Jahrhundert v. Chr. Archäologen entdeckten südlich des Tempelberges Überreste aus der Bronzezeit. Seitdem hat die Stadt schon viele Besitzer gesehen. König David natürlich, um etwa 1000 v. Chr. Knapp 500 Jahre später folgte Nebukadnezar II., der die gesamte Stadt zerstörte und ihre Bewohner in die babylonische Gefangenschaft brachte. Es folgten König Herodes und kurz darauf die römische Herrschaft unter Kaiser Augustus, der die Stadt direkt der römischen Verwaltung unterstellte. Weitere wichtige Daten sind die Eroberung durch den Kalifen Omar I. 638 n. Chr., der die Stadt „islamisierte", eine kurze Periode christlicher Herrschaft unter den Kreuzfahrern sowie die Eroberung durch den Sultan Süleyman den Prächtigen 1517. Während des Ersten Weltkrieges bis zur Übergabe an Israel 1948 war die Stadt auch kurz unter britischer Aufsicht.

Die Altstadt, die mit einer Mauer umgeben ist, lässt sich in vier Stadtviertel teilen: das jüdische, das armenische, das muslimische und das christliche. Die Altstadt wurde 1981 von der UNESCO zum Weltkulturerbe der Menschheit erklärt. Natürlich ist die Stadt umstritten. Stein des Anstoßes ist vor allem der östliche Teil, weil sich dort besonders viele Heiligtümer der drei Weltreligionen befinden. Die Stadt zählt etwa 1204 Synagogen, 158 Kirchen und 73 Moscheen. Zudem soll sie nicht nur Hauptstadt Israels, sondern auch eines zukünftigen Staates Palästina sein.

Gelobt sei der Herr aus Zion, der zu Jerusalem wohnt! Halleluja!

Psalm 135,21

Betesda

Zu bestimmten Zeiten, so wurde erzählt, würde Gott seinen Engel vom Himmel senden, und wenn dieser dann das Wasser berührte, so würde derjenige, der als Erster das Becken erreichte, gesund werden. So erzählte man es sich in Betesda, aber vielleicht war das nur eine Legende. Doch auch wenn die Hoffnung noch so gering ist, sie reicht, um nicht aufzugeben, um selbst nach dem kleinsten Strohhalm zu greifen. Da war dieser Mann, seit achtunddreißig Jahren war er krank und wartete auf das Wunder. Er sah, wie sich die Oberfläche des Wassers bewegte, sah, wie andere an den Beckenrand gebracht wurden, und sah sich selbst zurückbleiben, ohne Chance; aber wenn es eine Hoffnung gäbe für ihn, dann hier. Willst du gesund werden? Seltsame Frage, wäre er sonst an diesem Ort, würde er sonst Tag für Tag mit dem immer gleichen Blick auf das Wasser stieren? Aber so geht es uns bisweilen, dass wir auf etwas so fixiert sind, dass wir alles andere aus dem Blick verlieren. Willst du gesund werden? Ja, um alles in der Welt! Aber wie sollte das gelingen? Indem er dem begegnet, der gekommen ist, diese Welt zu heilen und zu retten. Steh auf, sagt der. Seit so vielen Jahren hatte er das nicht mehr gekonnt. Nimm deine Matte – daran war er in der ganzen Zeit gefesselt gewesen – und geh! Er konnte fortgehen, konnte ins Leben gehen. Erst später erfuhr er, dass es Jesus war. Am Sabbat hatte er geheilt, hatte er einen Kranken aufgefordert, seine Matte zu tragen. Jesu Gegner fanden immer neue Gründe, ihn zu verfolgen.

Betesda, aus dem aramäischen beth hesda, heißt „Haus der Gnade“. Bereits im 8. Jahrhundert v. Chr. wurde hier der obere See ausgehoben, und im 3. Jahrhundert v. Chr. wurde unter Simon dem Hohepriester der untere, zweite angelegt. Für die fünf Säulenhallen (Johannes 5,2) gibt es jedoch keinen archäologischen Beweis. Hier wurden sowohl Schafe vor ihrer Opferung gewaschen, wofür die direkte Tempelnähe günstig war, als auch Kranke hingeführt, denn dem Wasser wurden heilige Kräfte zugesprochen. Der Legende nach kam wöchentlich ein Engel zum Wasser und verlieh ihm heilige Kräfte.

Goldenes Tor

Sie kommen von weit her. Lange haben sie sparen müssen, um diese Woche in Jerusalem verbringen zu können. Sie kommen von den Inseln Griechenlands und den entlegensten Bergdörfern. Sie träumen davon, eines Tages seinem letzten Weg nachzugehen. Und jetzt, sind sie am Ziel? Haben sich all ihre Wünsche erfüllt? Pilger und Touristen strömen zusammen, an allen Orten trifft man sie. Und blicken wir zwei Jahrtausende zurück, da sehen wir, wie die Menschen an den Straßen stehen; sie halten Palmwedel in den Händen, sie breiten auf dem Weg ihre Kleider aus, um dem König den Weg zu bereiten. Auf einem Esel reitet er ein, Jerusalem empfängt seinen Friedenskönig. „Hosianna!“ schallt es in allen Gassen, so begrüßen sie ihren Messias. Und es möge Frieden werden für sie und alle nachfolgenden Generationen, Gerechtigkeit möge einkehren in diese Stadt und das ganze Land. Frieden hat Jerusalem nicht gefunden, damals nicht und heute nicht. Hoffnungen und Erwartungen haben so viele entfacht und enttäuscht. Das Geheimnis dieses Friedens liegt in dem Weg, den dieser Mann gegangen ist, den Weg der Gerechtigkeit haben ihn Spätere genannt, den Weg der Liebe Gottes.

Als einziges der acht Tore der Altstadt Jerusalems führt das Goldene Tor, das sich südlich vom Löwentor befindet, auf dem direkten Weg zum Tempelberg. Auf Hebräisch und Arabisch bedeutet es „Tor der Barmherzigkeit“. Möglicherweise wurde es von der Kaiserin Eudocia im Jahre 444 bei der Wiedererrichtung der Stadt in Erinnerung an die Heilung des Petrus errichtet. Die verzierten Bogen stammen aus der Regentschaft des Kaisers des Oströmischen Reiches, Herakleios, im 7. Jahrhundert, der das Goldene Tor zum Triumphbogen umgestalten ließ. Kurz darauf wurde es jedoch von den Moslems zugemauert. Nach einer kurzen Wiederöffnung durch die Kreuzfahrer wurde es unter Süleyman dem Prächtigen, der zu Beginn des 16. Jahrhunderts in Jerusalem herrschte, verschlossen, um – so wird es häufig interpretiert – die Ankunft des Messias zu verhindern. Wahrscheinlicher ist jedoch, dass die Osmanen es nach dem Ende der Kreuzfahrerzeit zumauerten, um den Ungläubigen den Zugang zum Tempelberg zu verwehren.

Jerusalem, jauchze!
Siehe, dein König
kommt zu dir!

Sacharja 9,9

Tempelbezirk

Es mag an den Stufen zum Tempelvorhof gewesen sein, wo Simeon dem Kind und den Eltern begegnete. Maria und Josef brachten den Neugeborenen zum Tempel, um ihn als Erstgeborenen Gott vorzustellen. Dem tiefgläubigen Simeon war verheißen worden, dass er den Messias noch sehen würde. Und der alte Mann erkennt in dem Kind Jesus, den Heiland der Welt: Meine Augen haben deinen Heiland gesehen, den du bereitet hast im Angesicht aller Völker: ein Licht zur Offenbarung für die Nationen und zur Herrlichkeit deines Volkes Israel. Wie eine Überschrift stehen diese Verse über dem Leben des Kindes. Dreißig Jahre später soll sich diese Verheißung erfüllen.

Eigentlich ist nicht die Klagemauer, sondern der Tempelberg wichtigstes Heiligtum des jüdischen Glaubens und nimmt immerhin ein Sechstel der gesamten Altstadtfläche ein. Jedoch ist er auch ein Kernstück des islamischen Glaubens, womit der Konflikt vorgezeichnet ist. Bis zur Annexion des Gebietes unter Kalif Omar I. war dieser Teil das Herz des jüdischen Glaubens, stand hier doch der Tempel. Der erste stammte aus der Regentschaft Salomos und wurde um 957 v. Chr. erbaut. Nach der Zerstörung durch Nebukadnezar II. um 598 v. Chr. errichteten die Juden nach der Rückkehr aus der Gefangenschaft im Jahre 516 v. Chr. einen zweiten. Die Tempelanlage wurde durch König Herodes den Großen ab ca. 20 v. Chr. restauriert und um das Doppelte erweitert; der Tempel selbst wurde prächtig ausgeschmückt. Um 70 n. Chr. wurde er jedoch von den Römern zerstört und auf dem Berg ein Jupitertempel, später eine christliche Kirche errichtet.
Innerhalb des Tempels befand sich einst die Bundeslade, und angeblich sollte hier auch die Opferung Isaaks stattfinden. Einigen Forschern zufolge könnte sich die Lade immer noch hier befinden, denn unter dem Tempelberg soll sich ein großes Tunnelareal erstrecken. Seit etwa 668–691 n. Chr. steht hier der Felsendom, der im Islam das drittwichtigste Heiligtum nach Mekka und Medina darstellt. Im Inneren kann man Abdrücke des Propheten und des Erzengels Gabriel betrachten. Beide Religionen definieren diese Stelle als Mittelpunkt der Welt.

Klagemauer

Nach dem Einzug in Jerusalem ging Jesus mit den Seinen zum Tempel. In den Vorhöfen strömten die Menschen zusammen, Gläubige aus der gesamten Diaspora waren hierhergekommen. Dazwischen die Opfertiere, Tauben, Ziegen und Schafe. Zuvor aber musste das fremde Geld in Tempelmünzen eingetauscht werden. Es wurde gehandelt und diskutiert, die Geldstücke wurden auf den Tisch geworfen, um am Klang die Echtheit zu prüfen. Laute und hektische Betriebsamkeit füllte den Tempelvorhof. Verwundert und entsetzt sahen die Männer aus Galiläa diesem Treiben zu. Bis Jesus dann voller Zorn die Tische der Geldwechsler umkippte und die Stände mit den Tauben umstürzte. „Aus dem Bethaus meines Vaters habt ihr eine Räuberhöhle gemacht!“, schleuderte er ihnen entgegen. Es war keine Tempelreinigung und noch weniger eine Tempelbesetzung, wie später behauptet wurde. Es war ein zeichenhaftes Handeln und erinnert an die Symbolhandlungen der Propheten. Auch sie attackierten einen Gottesdienst, dessen Riten leer und bedeutungslos geworden sind. Hier aber wird noch mehr angesagt, der Tempel mit all seinen Opfern und Diensten wird aufgehoben und zerstört werden. Gott wird dort heimisch werden, wo Menschen seinen Sohn hören, an ihn glauben und ihm folgen. Das Kultgesetz, das Juden und Nichtjuden voneinander trennt, wird seine Bedeutung verlieren. Das Heil wird allen Menschen zuteil werden.

Die Klagemauer ist der letzte Überrest des zweiten Tempels aus der Zeit von König Herodes. Offiziell heißt sie „westliche Mauer“, weil sie die West-Mauer der Tempelplattform war. Sie ist 48 Meter lang und 18 Meter hoch. Neben dem unteren Teil aus herodianischer Zeit weist sie auch Quader aus moslemischer Zeit bis zum 19. Jahrhundert auf. Zwischen 1948 und dem Sechs-Tage-Krieg 1967 war dieser Bereich für Juden nicht zugänglich. Zudem ist der Platz vor der Mauer erst seit diesem Krieg wieder frei – vorher befand sich hier das maghrebinische Viertel. Die scharfen Sicherheitskontrollen nehmen dem Ort natürlich etwas von seiner Atmosphäre, aber immerhin handelt es sich hier um eine der wichtigsten Stätten für den jüdischen Glauben. Gemäß der jüdischen Glaubensrichtung Kabbala ging Gottes Präsenz auf Erden direkt vom Tempel in ebendiese Mauer über. Populär sind die Bilder der abertausend Zettelchen, die in die Fugen der Steine gesteckt werden. Die werden übrigens zweimal pro Jahr entfernt, füllen etwa 30 Müllsäcke und werden auf dem Ölberg vergraben.

Siehst du diese großen Bauten? Nicht ein Stein wird auf dem andern bleiben, der nicht zerbrochen werde.

Markus 13,2

Am Abend vor seinem Tod kam Jesus mit den Seinen noch einmal zusammen. Es war die Zeit des Passafestes, die Juden erinnerten sich des Auszugs aus Ägypten und des Bundes, den Gott mit seinem Volk geschlossen hat. In dieser Nacht erlebten sie die Vergangenheit als ihre Zeit. In dem Mahl, das Jesus mit seinen Jüngern teilte, wurde zudem die Zukunft in die Gegenwart geholt. Sie feierten die Gemeinschaft, die den Tod Jesu zum bleibenden Band ihrer Liebe werden ließ. Sie feierten die Gemeinschaft, die selbst diesen Tod überwand. Überall, wo Christen zusammenkommen, in seinem Namen das Brot brechen und den Becher reichen, ist er gegenwärtig. Das Abendmahl schließt alle Christen zu der einen Kirche zusammen, die ihren Herrn feiert bis zu jenem Tage, an dem sie nichts mehr voneinander trennen wird. Die Freude dieser zukünftigen Zeit bestimmt dieses Mahl. Es verbindet Tod und Leben, es ist die Brücke zwischen Jesus Christus und uns. Wir sind Befreite und Gesandte, wir werden nicht mehr auf das Vergangene festgelegt, uns gehört die Zukunft, die Gott uns verspricht.

Im Südwesten der Altstadt Jerusalems, auf dem Berg Zion, befindet sich ein Gebäude, in dem das letzte Abendmahl Jesu stattgefunden haben soll. Die ursprünglich hier vorhandene Basilika wurde von den Kreuzfahrern durch einen Neubau ersetzt, von dem bei der Zerstörung durch Sultan Saladin nur Teile erhalten blieben. Dafür gibt es seit 1335 hier einen gotischen Bau der Franziskaner. Teilweise wurde die Kirche auch von den Moslems als Moschee verwendet, wovon heute das Minarett und eine Gebetsnische zeugen. Der Bau ist zweistöckig angelegt und beinhaltet im Erdgeschoss das Davidsgrab, während sich der Abendmahlssaal, das sogenannte Coenaculum, darüber befindet.

Mich hat herzlich verlangt,
dies Passalamm mit euch
zu essen, ehe ich leide.

Lukas 22,15

Gethsemane

Das ist nicht der Stein, aus dem Götter geschlagen werden; nicht der Stoff, aus dem Helden gemacht werden. Dieser Mensch zitterte, die Angst vor dem Leiden und dem Tod war ihm in alle Glieder gefahren. Er rang mit Gott, rang um diesen Willen, von dem er wusste, was er ihm abverlangen würde. Dieser Jesus von Nazareth war Mensch, war durch und durch Mensch. Und wer will in seiner Not schon allein sein? Das mochte auch er nicht. Aber seine engsten Vertrauten, Petrus, Jakobus und Johannes, waren eingeschlafen. Nicht eine Stunde vermochten sie mit ihm auszuharren. So blieb Jesus allein mit sich und seinem Gott. Er bat, er flehte, wollte sein Schicksal noch in letzter Stunde abwenden. Aber letztlich fügte er sich, es musste sein, Gott hatte es so bestimmt. Ein grausamer, ein sadistischer Gott? Seine Wege können unerforschlich und unergründlich sein, aber er lässt sie uns nicht allein gehen. Jesus vertraute sich nicht einer dunklen und fremden Macht an, er wusste sich auch jetzt in den Händen des Gottes, der sein Vater war und blieb. Die Bibel kennt die Worte der Klage, des Schmerzes und der Trauer. Sie weiß um die Angst, die uns nicht ruhen lässt, um die Not, die uns bis an die Grenzen unserer Existenz bringt. Ihre Worte sind diese Wege gegangen, sie sind durch die Nacht gegangen, und oft genug erschien ihnen der Tag unendlich fern. Ihre Beter haben gezittert und auch geweint, sie waren verzweifelt und doch voller Vertrauen auf ihren Gott, von dem sie wussten, dass er auch jetzt mit ihnen ist, sie auch in dieser Stunde hält.

Am Westhang des Ölbergs liegt der Garten Gethsemane oder Getsemani. Der Name bedeutet im Aramäischen „Ölkelter“ und steht somit in Bezug zum Ölberg. Die Ölbäume stammen zum Teil noch aus biblischer Zeit. Natürlich ist der Garten von jeher ein Magnet für Gläubige. Bereits 333 besuchte ihn der anonyme Pilger aus Bordeaux, dessen Reisebericht „Itinerarium Burdigalense“ der älteste seiner Art ist.

Meine Seele ist betrübt
bis an den Tod;
bleibt hier und wachet!

Markus 14,34

Ölberg

Mit einem Kuss wurde Jesus verraten, ein Kuss war das Zeichen, mit dem das Unheil seinen Lauf nahm. Symbol einer innigen Liebe, einer alles gebenden und verzeihenden Liebe. Im Hintergrund warteten schon die Häscher, bewaffnet mit Schwertern und Stangen, warteten auf dieses eine Zeichen. Rabbi, so sprach er zu ihm, Meister, Lehrer, Freund. So sagte er, wenn sie über das Land zogen und er ihm folgte, so sprach er, wenn sie zusammensaßen, die engsten Freunde, Verbündete für alle Zeit. Er glaubte wie die anderen, er sehnte sich und hoffte auf eine andere, bessere Welt, auf Gottes Welt hier auf Erden. Und er wusste, spürte es bis in jede Faser seines Leibes, jetzt hat sie begonnen, hier nimmt sie ihren Anfang. War er ein Verräter, der für 30 Silbergroschen selbst seinen besten Freund verraten würde? War er ein Enttäuschter, stellte er sich das Reich Gottes letztlich doch ganz anders vor? Er gab, unbegreiflich und unfassbar genug, das Zeichen für den letzten Weg des Gottessohnes. Der Kuss eines Verräters, die Liebe nimmt ihren Lauf.

Heute zeugen nur noch wenige Ölbäume von dem ehemals reichen Baumbestand, der dem Ölberg seinen Namen gab. Im Nordosten der Stadt gelegen, stellt dieser 809 Meter hohe Berg die älteste Grabesstätte der Juden dar. Auch der Ölberg ist nicht frei von Konflikten. Im Judentum und im Islam hat er gleichermaßen eine wichtige Position inne: Für Erstere soll der Messias über eben diesen Berg nach Jerusalem einziehen und im Tal des Kidronbaches unterhalb des Hügels das Jüngste Gericht halten, wodurch sich die Bedeutung des Berges als Begräbnisstätte erklärt. Dem Islam zufolge wird am Tag des Jüngsten Gerichts ein Seil vom Ölberg zum Tempelberg gespannt, auf dem die Gerechten hinübergehen werden. 1948 sind die Friedhöfe des Berges durch den Palästinakrieg stark beschädigt worden. Beim Sechs-Tage-Krieg nahm Israel schließlich den Ölberg sowie das umliegende Gebiet ein, das zuvor zu Jordanien gehörte. Vom Ölberg aus kann man einen wunderbaren Blick auf die Altstadt genießen. Seit dem 4. Jahrhundert befand sich hier im Garten Gethsemane eine prächtige Kirche. Diese wurde 746 durch ein Erdbeben zerstört. Auch ihre Nachfolgerin, eine im 12. Jahrhundert von den Kreuzfahrern erbaute Kapelle, überdauerte nicht lange, sondern wurde 1345 schon wieder aufgegeben. Elemente beider Kirchen befinden sich heute noch unter der jetzigen Kirche, der „Kirche der Nationen“ oder „Todesangstbasilika“, die von Antonio Barluzzi stammt und 1919 bis 1924 errichtet wurde. In der Kirche sind drei Erhöhungen zu sehen, auf denen Jesus drei Mal gebetet haben soll. Der Name „Kirche der Nationen“ erinnert daran, dass sich zwölf Nationen an ihrer Finanzierung beteiligt haben. Die Wappen der betreffenden Länder befinden sich an der Decke.

PRECES SVPPLICATIONESQVE CVM CLAMORE VALIDO ET LACRYMIS OFFERENS EXAVDITVS EST PRO SVA REVERENTIA

St. Peter

„Und du warst auch mit dem Jesus von Nazareth.“ Er erschrak, als er das hörte, dieser Satz traf ihn ins Mark. Sonst war er schnell dabei, wenn es um die großen Worte ging. Er zog auch einmal das Schwert, wenn es sein musste. Er war immer der Erste gewesen. Ein Mann, der zu seinem Wort stand, treu und verlässlich. Was war aus ihm nur geworden? Ein Häuflein Elend, das sich da am Feuer zusammenkauerte und nach etwas Wärme suchte. Eine Magd sprach ihn an, posaunte es laut heraus, dass er zu diesem Jesus gehöre. Nein und nochmals nein, ich weiß nicht, was du da redest. Er musste weg, er ging fort von ihr, fort von diesem Ort. Irgendwo hörte er einen Hahn krähen, der neue Tag war angebrochen. Heute würde Jesus verurteilt und hingerichtet werden, und er war nicht dabei. Da war diese Magd wieder, und sie war wieder nicht still. Sie zeigte auf ihn: „Da ist einer von denen.“ Er schlotterte am ganzen Leib. Die dabeistanden, gaben ihr Recht. „Ja, der kommt auch aus Galiläa, der gehört dazu.“ „Nein und nochmals nein! Ich kenne den Menschen nicht, von dem ihr redet.“ Und kaum hatte er es ausgesprochen, da hörte er noch einmal den Hahn krähen. Dreimal hatte er Jesus verleugnet, so wie er es ihm vorausgesagt hatte. Und es durchfuhr ihn. Ja, dieser Mensch kannte ihn, kannte ihn besser als er sich selbst. Und doch ließ er ihn nicht fallen. Auch jetzt nicht, das wurde ihm mit einem Mal klar. „Und du warst auch mit dem Jesus von Nazareth.“ Ja, das war er und würde es auch bleiben, sein Leben lang und auch über den Tod hinaus.

Die Kirche „Sankt Peter in Gallicantu“, zu Deutsch „Der heilige Peter zum Hahnenschrei“, am Osthang des Zionberges gelegen, stammt in ihrer heutigen Gestalt von 1931. Mittlerweile ist sie die vierte Kirche. Unter ihr liegen noch Überreste aus der Zeit von König Herodes und den Anfängen des Christentums. Wahrscheinlich um 457 ließ die Kaiserin Eudokia eine Kirche zu Ehren von Petrus errichten. Nachdem diese 529 bei einem Samariteraufstand beschädigt und 614 von den Persern zerstört wurde, errichteten armenische Mönche 14 Jahre später eine zweite. Auch diese wurde zerstört, im Jahre 1009 von dem Kalifen Harkim. Die dritte stammte von den Kreuzfahrern und stand unter der Leitung griechischer Mönche, bis sie 1219 zerstört, erneut ersetzt und zwischen 1293 und 1335 abermals zerstört wurde. Noch heute lassen sich hier neben den Fundamenten dieser vorhergehenden Kirchen Überreste aus der byzantinischen Zeit finden. Bei Grabungen in den zwanziger Jahren stießen die Archäologen sowohl auf eine Krypta als auch auf Stufen aus dem 1. Jahrhundert vor Christus.

Ehe der Hahn
zweimal kräht,
wirst du mich
dreimal verleugnen.

Markus 14,30

Ecce homo

Ecce homo – seht den Menschen! Pilatus neben Jesus, Macht und Ohnmacht, weltliche Gewaltherrschaft gegen Gottes Reich. Pilatus hatte nie Bedenken, wenn es um seine Vorteile ging. Er demonstrierte Macht, wo es nicht nötig war. Er provozierte, wo Geschick von Nutzen gewesen wäre. Oft genug überschritt er Grenzen, ging über Leichen, spann Intrigen und verrechnete sich auch immer wieder. Ein Machtmensch ohne Skrupel, so zeigte er sich in der Geschichte, so blieb er im Gedächtnis der Menschen. Und der andere, über ihn konnte er nur lächeln, ein religiöser Spinner, einer dieser überspannten Frommen. Was soll das für ein Reich sein, das nicht von dieser Welt ist? Was ist das für eine Wahrheit, die ihn etwas behaupten lässt, was er gar nicht ist? Wo ist sein Volk, wo sind seine Diener? Er musste auf die Juden Rücksicht nehmen, nicht aus Mitgefühl oder gar aus Verständnis, nur aus taktischen Überlegungen. Er wollte ihnen die ganze Erbärmlichkeit ihres Königs vor Augen führen. Er ließ ihn auspeitschen und eine Dornenkrone auf sein Haupt drücken und ihm den Purpurmantel umlegen. Seht diesen Menschen, diese jämmerliche Leidensgestalt! Soll das euer König sein, wollt ihr den als euren König hinrichten? Ecce homo – das ist der Mensch, dieser so vielfach geschundene, so erbarmungslos ausgebeutete und unterdrückte Mensch, Spielball der Mächtigen und ihrer Interessen. Dieser ist der wahre Mensch und doch auch Gott zugleich. Der Glaube erkennt in ihm den Gottessohn, dessen Weg durch die Tiefen unserer Existenz geht. Das bedeutet die Liebe Gottes. Darum verliert dieses Antlitz auch im Leid nicht seine Würde. Ecce homo – dieser ist ganz Mensch und ganz Gott zugleich.

Auch um den Ecce-Homo-Bogen ranken sich Theorien bezüglich seiner Erbauung. Der Bogen auf dem Weg zu Station Nummer drei des Kreuzwegs könnte in frühkaiserlicher Zeit erbaut worden sein. Ebenso vermutet man, er sei von Kaiser Hadrian als freistehender Triumphbogen errichtet worden, also zwischen 125 und 135. Die dritte Möglichkeit wäre die Integrierung in einen Militärbau aus dem 2. Jahrhundert n. Chr. als Eingangsbereich. Ein Teil des Bogens führt in die dazugehörige Ecce-Homo-Kirche, die dem Orden der Sionsschwestern unterstellt ist. Von 1948 bis 1958 bot das Kloster die Möglichkeit des Sprachenstudiums für Araber und Israeli in sogenannten *ulpan*, Hebräisch-Intensivkursen mit gegenseitigem Austausch. Nach der Übernahme dieses Programms durch die Universität von Scopus spezialisierte es sich auf Bibelstudien, die dort neben der Beherbergung von Pilgern weiterhin angeboten werden. Eine weitere Sehenswürdigkeit beim Ecce-Homo-Bogen ist der „Lithostrotos“, ein Steinpflaster, das von der Verurteilungskirche bis zur Ecce-Homo-Kirche verläuft und das man in der dortigen Krypta anschauen kann. Angeblich hat Pontius Pilatus Jesus auf diesem Boden verurteilt. In der Tat legen die „Königsspiele“, die auf den Steinplatten eingraviert sind, diese Vermutung nahe: Vor der grausamen Hinrichtung ließ man die Verurteilten als König verspotten, was in der römischen Literatur belegt ist. Wahrscheinlich ist jedoch, dass die Pflasterung erst unter Kaiser Hadrian angelegt worden ist.

Via Dolorosa

Da standen sie wieder an der Straße und säumten den Weg. Nur wenige Tage waren seitdem vergangen, und doch schien es, als läge der Einzug Ewigkeiten zurück. Derselbe Ort, dieselben Menschen, alles schien gleich, und doch war alles ganz anders geworden. Feierten sie gestern noch ihren Messias mit Ovationen, so schlug ihrem König jetzt nur noch blanker Hass entgegen. Sie lachten, als die Soldaten ihren Spott mit ihm trieben. Sie fielen vor ihm auf die Knie und schlugen ihm ins Gesicht, sie begrüßten ihn als König der Juden und spuckten ihn an, sie legten den Purpur um ihn und drückten ihm zugleich die Dornenkrone auf. Dann gaben sie ihm seine Kleider zurück, legten ihm den Kreuzesbalken auf und schickten ihn los. Und er trägt und geht und fällt immer wieder nieder.
Da holen sie einen aus der Menge, Simon von Kyrene, der soll für ihn den Kreuzesbalken tragen, und so gehen nun beide diese Straße entlang, die zur Stadt hinausführt. Der Jubel ist längst verhallt, es ist nur das „Kreuzigt ihn“ zu hören. Kaiphas, Pilatus, Simon, wohl auch Maria, seine Mutter, begegnen ihm auf diesem Weg, bekannte und unbekannte Namen. Aber keiner, der sieht und hört, kann nur Zuschauer bleiben. An diesem Weg entscheidet sich das Schicksal der Welt.

Die Via Dolorosa bedeutet „Leidensweg“ und ist in der Altstadt als Kreuzweg ausgestaltet. Der Weg, der der Überlieferung nach vom Amtssitz des Pontius Pilatus nach Golgatha führte, ist heute nicht mehr eindeutig zu bestimmen. Als solcher markiert wurde die Strecke vom Löwentor zur Grabeskirche, deren östlicher Teil durchaus begehbar ist. Der westliche Abschnitt allerdings ist wegen seiner verwinkelten Gassen und Treppen nur mühsam nachzugehen. Folgt man der Via Dolorosa, streift man eine Vielzahl wichtiger Gebäude, zum Beispiel die Erlöserkirche, die Verurteilungskirche und den Ecce-Homo-Bogen. Um dies genau zu verfolgen, ist der Weg für die Pilger in 14 Stationen eingeteilt. Zum Gedenken schultern jedes Jahr an Karfreitag Tausende von Pilgern Holzkreuze und schreiten in einer Prozession die Via Dolorosa ab – immer wieder begleitet von der Angst vor Anschlägen.

Golgatha

Unter denen, die am Kreuz standen, war auch ein römischer Hauptmann. Er sah seine Soldaten den Mann aus Nazareth ans Kreuz schlagen und es hoch aufrichten. Er hörte den Spott der Leute: Den Tempel wollte er zerstören und an drei Tagen wieder aufrichten, soll er doch jetzt vom Kreuz herabsteigen! Einige geiferten: Anderen hat er geholfen, und jetzt kann er sich nicht einmal selbst helfen! Sogar die beiden mit ihm Hingerichteten wandten sich von Jesus ab. „König der Juden“, so stand es über dem Kreuz. Das war der Schuldspruch, und doch glich er mehr einem Titel. Der Hauptmann hatte schon viele Menschen sterben sehen, aber hier erschien ihm alles anders. Der Schrei des Gekreuzigten ging ihm durch Mark und Bein, auch wenn er ihn nicht verstand. Er spürte diese unerträgliche Gottesferne, die der Mann am Kreuz aus sich herausschrie und zugleich aushielt. Dass eine Finsternis über das Land kam, dass die Erde bebte, dass der ganze Kosmos zu zerbrechen drohte, das alles beeindruckte ihn nicht so sehr wie dieses unerschütterliche Vertrauen, das den Mann am Kreuz an seinem Gott festhalten ließ. „Wahrlich, dieser Mensch ist Gottes Sohn gewesen!“, sagt der Hauptmann im Markus-Evangelium. Es ist keine Aussage, sondern ein Bekenntnis. Im Tempel ist in der Sterbestunde Jesu der Vorhang vor dem Allerheiligsten zerrissen. Von nun an gehört das Heil Gottes jedem Menschen, der glaubt. Der erste Nichtjude war dieser römische Hauptmann, er sprach es für die Gemeinde des Markus, er spricht es in unsere Zeit hinein.

Die Lokalisierung von Golgatha, beziehungsweise Golgotha oder Golgota, ist noch nicht abgeschlossen, der exakte Ort bleibt unbekannt. Ein Hügel in der Nähe des Damaskustores könnte der Hinrichtungsort gewesen sein. Das dort befindliche Gartengrab legt dies nahe. Mehrheitlich wird jedoch von dem Hügel, auf dem sich die Grabeskirche befindet, ausgegangen. Jener Hügel diente zu biblischen Zeiten als Steinbruch für Kalk, was ihm durch die Abtragungen das Aussehen eines Schädels gegeben haben könnte. Die Grabeskirche wurde dort schon 326 als Basilika von der Mutter des Kaisers Konstantin errichtet und ersetzte einen römischen Tempel von Kaiser Hadrian. Daneben setzte Kaiser Theodosius ein großes, mit Edelsteinen besetztes goldenes Kreuz. Leider wurde die Kirche 1883 bei einem Brand beschädigt und 1926 durch ein Erdbeben zerstört. Die drei großen christlichen Kirchen, die griechisch-orthodoxe, die katholische und die armenische, denen Teile der Grabeskirche gehören, bemühen sich um ihre Restaurierung und Instandhaltung. Die syrische, koptische und äthiopische Kirche besitzen kleine Kapellen auf dem Areal und Bereiche in der Grabeskirche.

Gartengrab

Auch nach dieser Nacht folgte ein neuer Morgen und ein neuer Tag. Bisweilen ist das kaum zu begreifen, man meint, die Welt müsse stehen bleiben und alle Zeit sei zerbrochen. Die Frauen, die ihm bis zuletzt folgten und unter dem Kreuz standen und dann genau beobachteten, an welcher Stelle Jesus begraben wurde, kamen am Sonntagmorgen zum Grab, um den Verstorbenen nach der Sitte des Landes zu salben. Es waren Maria von Magdala, Maria, die Mutter von Jakobus und Johannes und Salome. Sie überlegten noch, wer ihnen den schweren Stein zur Seite rollen könnte, als sie sahen, dass der Weg zur Grabkammer frei war. Ein junger Mann saß da, vor dem sie erschraken. Und er sagte zu ihnen: „Entsetzt euch nicht! Ihr sucht Jesus von Nazareth, den Gekreuzigten. Er ist auferstanden, er ist nicht hier." Das sollten sie auch den anderen sagen, aber sie schwiegen aus Angst. So endet im Grunde der Bericht des ältesten Evangeliums. Warum wir dennoch etwas wissen von der Auferstehung, vom Leben und Sterben Jesu? Weil es dieses Evangelium gibt, weil es für uns geschrieben worden ist, damit wir an ihn glauben und leben.

Das Gartengrab wurde erst 1867 entdeckt und 1882 von dem britischen General Gordon als Grab Jesu identifiziert und 1891 ausgegraben. Diese Identifizierung – damals auf Grund der Schädelform des Hügels – ist aber so gut wie widerlegt. Man geht heute allgemein davon aus, dass die Stelle, an der sich jetzt die Grabeskirche befindet, Jesu Todesort ist. Die anglikanische Kirche hält allerdings an der Entdeckung Gordons fest. Direkt beim Damaskustor außerhalb der Altstadtmauern gelegen, befindet sich das Gartengrab in einer verkehrsreichen Zone der Stadt, strahlt im Inneren aber die wohltuende Atmosphäre einer Oase aus.

Sie kamen zum Grab am ersten Tag der Woche, sehr früh, als die Sonne aufging.

Markus 16,2

Emmaus

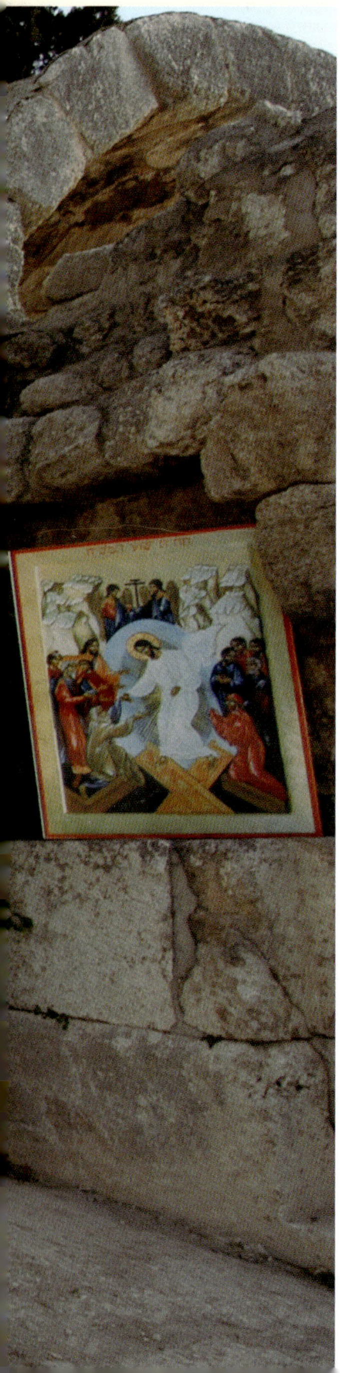

Wie lang sind oft die Wege, die wir zu gehen haben, wie tief ist das Dickicht, durch das wir hindurch müssen!
Die Bibel sieht die Menschen immer wieder auf dem Weg, aber oft sind es Wege, die sie verändern, die sie bisweilen ganz unvermittelt zu ihrem Ziel bringen. Wir wissen nur von einem den Namen, Kleopas, der des anderen, der auch unterwegs nach Emmaus ist, bleibt unerwähnt. In ihren Spuren gehen so viele. Auch wir folgen ihnen. Vielleicht können wir ja ahnen, wie es ihnen gehen musste auf diesem langen Weg. Sie hatten den Freund verloren, nein, es war mehr: Sie hatten Inhalt und Ziel ihres ganzen Lebens verloren, denn er ist ihnen Gegenwart und Zukunft zugleich gewesen, Garant einer Zukunft, für die sie alles aufgaben. Der Boden war ihnen unter den Füßen weggezogen worden und es gab all das andere wieder, von dem sie meinten, sie hätten es überwunden: die Angst, das Leid, den Tod. Nun war es wieder da und viel schwerer als zuvor, und es gab niemand, der ihnen half, die Last der Trauer zu tragen. Ein Dritter gesellte sich zu ihnen, und sie unterhielten sich. Er kannte sich in den biblischen Schriften aus und erklärte ihnen genau, warum Jesus das alles hatte erleiden müssen. Sie hörten zu, aber mehr noch tat ihnen einfach seine Gegenwart gut. Er sollte noch nicht gehen, jetzt noch nicht. Und als sie zusammensaßen und er das Brot brach, da erkannten sie, es war der, um den sie trauerten, er selbst war es: Jesus von Nazareth, der Retter Israels, ihr Heiland. In Emmaus soll das geschehen sein, es kann immer überall geschehen, wo Menschen in seinem Namen zusammenkommen, wo sie das Brot brechen und ihn feiern, da ist er bei ihnen. Die Bibel sieht uns auf dem Weg und doch auch schon mitten auf dem Weg bereits am Ziel.

In persischer Zeit hieß Emmaus „Hamthan“, was „heiße Quellen“ bedeutet. Auch der Name Emmaus, aus dem hebräischen „hmm“ für warm entstanden, greift auf die beiden Warmwasserquellen an diesem Ort zurück. Sowohl wegen seines Wasserreichtums und seiner Fruchtbarkeit als auch wegen seiner strategischen Lage an der Grenze des judäischen Berglandes und der Küstenebene war Emmaus, 29 km nordwestlich von Jerusalem gelegen, begehrt. Allerdings ist Emmaus/Amaus nicht der einzige Ort, der die biblische Bedeutung für sich beansprucht. Dazu zählen vor allem Abu Gosh und Moza/Colonia. Die Kriterien, die angelegt werden, wie die heiße Quelle und die Distanz von 60 Stadien (ca. 11,5 km), erfüllt allerdings keine. Amwas ist zum Beispiel 160 Stadien von Jerusalem entfernt. Grabungen sollen hier Klarheit bringen.

Der Herr ist wahrhaftig auferstanden!

Lukas 24,34

Der Autor

Werner Milstein, geboren 1955 in Gronau/Westfalen, aufgewachsen im Münsterland und in Erwitte bei Lippstadt, Studium der Theologie und Philosophie in Münster und Göttingen, seit 1986 Gemeindepfarrer in Rahden/Westfalen, zahlreiche Veröffentlichungen.
Die Infotexte zu den jeweiligen Orten wurden von Ricarda Milstein verfasst.

Textnachweis

Die Bibelzitate sind entnommen aus: Lutherbibel, revidierter Text 1984, durchgesehene Ausgabe in neuer Rechtschreibung, © 1999 Deutsche Bibelgesellschaft, Stuttgart.

Bildnachweis

Titel: © Petronella/PIXELIO; Seite 3, 4, 4/5, 9, 18, 18/19, 26/27, 27, 30, 30/31, 34/35, 38/39, 40, 44/45, 56/57, 60/61: Werner Milstein; Seite 6, 8, 10/11, 12/13, 14/15, 32/33, 36/37, 40/41, 42/43, 46, 48/49, 56, 58/59: Ekkehard Graf; Seite 6/7: picture-alliance / dpa/dpaweb; Seite 12: © Katholisches Bibelwerk Linz; Seite 16/17: picture-alliance / akg-images/Erich Lessing; Seite 16: picture-alliance / dpa/ Fishman; Seite 20/21, 24/25, 32, 52/53: Roger Siems; Seite 22/23: picture-alliance /dpa / Stackmann; Seite 28/29: picture-alliance / akg-images / Erich Lessing; Seite 46/47, 58: Gerd Achtner; Seite 50/51, 62/63: picture-alliance / Godong; Seite 54/55: picture-alliance / Bildagentur Huber

Bildbeschreibung

Seite 3: Via Dolorosa; **Seite 4:** Geburtskirche, Glockenturm; **Seite 5:** Eingang der Geburtskirche; **Seite 6:** Geburtsgrotte; **Seite 6/7:** Geburtskirche; **Seite 8:** Verkündigungskirche, Turm; **Seite 9:** Verkündigungskirche, Verkündigungsgrotte; **Seite 10/11:** Jordanquelle; **Seite 12/13:** See Genezareth; **Seite 14/15:** Kapernaum; **Seite 15:** Säulenkapitell in der Synagoge von Kapernaum; **Seite 16/17:** See Genezareth; **Seite 16:** 2000 Jahre altes Straßenpflaster in Betsaida; **Seite 18/19:** Kirche auf dem Berg der Seligpreisungen; **Seite 18:** Bodenmosaik in der Kirche der Brotvermehrung; **Seite 20/21:** Franziskanerkirche in Kafr Kenna; **Seite 22/23:** Ruinen von Tyrus; **Seite 24/25:** Sidon, Seefestung; **Seite 26/27:** Caesarea Philippi, Nische des Pan; **Seite 27:** Caesarea Philippi, Felsen; **Seite 28/29:** Samaria, Berg Schemer; **Seite 30/31:** Palmenhain bei Jericho; **Seite 30:** Jericho, Ruinen des Wehrturms; **Seite 32/33:** Berg Tabor; **Seite 32:** Taborkirche; **Seite 34/35:** Bethanien, Grab des Lazarus; **Seite 36/37:** Jerusalem, Panorama; **Seite 38/39:** Ruinen am Teich Betesda; **Seite 40/41:** Goldenes Tor; **Seite 40:** Pilger am Jaffator; **Seite 42/43:** Felsendom; **Seite 43:** Das Allerheiligste des Tempels zur Zeit Jesu, aus dem Miniaturmodell Jerusalems; **Seite 44/45:** Klagemauer; **Seite 46/47:** Abendmahlssaal; **Seite 46:** Blick auf Jerusalem; **Seite 48/49:** Garten Getsemane; **Seite 50/51:** Kirche der Nationen; **Seite 52/53:** Kirche St. Peter in Gallicantu; **Seite 54/55:** Via Dolorosa mit Ecce-Homo-Bogen im Hintergrund; **Seite 56/57:** Via Dolorosa; **Seite 58/59:** an der Grabeskirche; Seite 58: in der Grabeskirche; **Seite 60/61:** Gartengrab; **Seite 60:** Grab aus der Zeit Jesu in Jerusalem; **Seite 62/63:** Emmaus

www.agentur-rauhes-haus.de

Satz und Litho: connected 2000 GmbH, Hamburg
Druck: L.E.G.O., Vicenza, Italien

Die Schreibweise entspricht den Regeln der neuen Rechtschreibung.
Der Umwelt zuliebe gedruckt auf chlorfrei gebleichtem Papier.

ISBN 978-3-7600-1718-1 · Best.-Nr. 1 1718-1